全新版

華語

第五冊

流傳文化事業股份有限公司

編輯要旨

一、本書為適應世界各地華僑學校需要而編寫，全書共分十二冊，提供世界各地華僑小學、中學使用。各地區可因應個別需要，一年使用一冊或二冊，教材設計上，也儘量符合這二種需求。

二、本書課程設計，採「語」「文」並重；選擇在「第二外國語言」和「本國語文」中找出一個平衡點。每一課的「語文活動」中，大都有「對話練習」，滿足語言在日常生活的應用需求；每課課文，又充滿了文學、文化的趣味性與人文關懷。

三、本書重視語言文字的統整學習。每課的語文活動，將文字的形、音、義、詞語、句型、章法等，系列地歸納出概念原則，幫助孩子快速有效的學習。在教學指引中，更設計生動活潑的語文遊戲，為孩子的學習帶來歡笑。

四、本書為使學生能學習最正確的華語，編寫時特別採用「國語注音符號」。附錄中對每課生字、新詞均附通用拼音、漢語拼音及英文解釋，以供參考。

五、本書所用生字，至第六冊約為八百字，至第十二冊約為二千四百字，按教育部編「常用兩千八百字字彙編」的字頻編寫。字由淺而深，在課文或語文活動、習作中，有反覆練習的機會；並且用淺白的文字和圖畫，系統性、趣味性的介紹文字，以此策略，幫助孩子大量識字。至於生字的注音，儘量不用變調、兒化韻，以降低學生學習困擾。必要的變調，如哥哥ㄍㄜ•ㄍㄜ，文中會注變調；生字中注本調。

六、本書三課組成一單元，以收單元教學效果。但為配合僑校學生每週上課一次，所以每課都設計相關語文活動，包含聽、說、讀、寫的語文技能，做為說話課和作文課的輔助教材，以幫助學生思考、溝通及書寫的能力。每冊並附教學指引一本及習作本二本。

全新版 華語 第五冊

第一單元 改變

一 紅番茄 …… 2
二 真心話 …… 10
三 都皮先生的小羊 …… 16

第二單元 快樂

四 爸爸下廚 …… 22
五 姐姐的衣櫃 …… 28
六 記得說謝謝你 …… 36

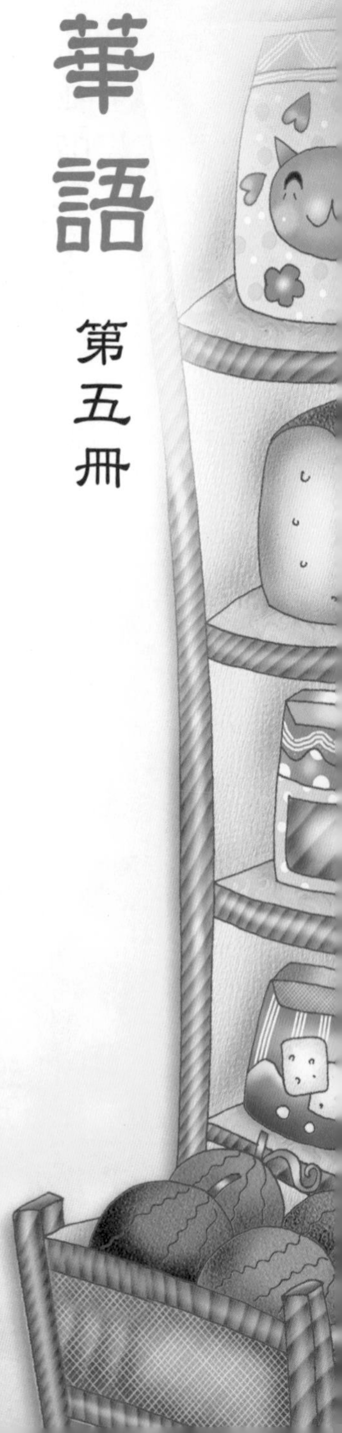

第三單元 互助

七 高飛的小鳥 42
八 五隻手指頭 48
九 我也要當義工 56

第四單元 假日生活

十 曬衣服 62
十一 洗碗 70
十二 美麗的山 76
附錄
認識基本筆畫 82
標準筆順 83
字詞拼音對照表 92

一

紅番茄

力力是三年級的學生，每次老師請他念書時，他的聲音小得幾乎聽不見。老師說：「大聲一點！大聲一點！」不管他怎麼用力，也不管他怎麼用心，大家還是聽不到他的聲音。力力的臉漲得像番茄一樣紅。同學笑他，並且叫他「紅番茄」。

番ㄈㄢ　茄ㄑㄧㄝˊ　級ㄐㄧˊ　乎ㄏㄨ　管ㄍㄨㄢˇ　漲ㄓㄤˇ　並ㄅㄧㄥˋ

別 ㄅㄧㄝˊ 且 ㄑㄧㄝˇ

力力跑到樹林裡大哭一場。麻雀比比說：「別哭了！你念書，我唱歌，我們來比賽，看誰比較大聲？」力力每天在林子裡念書，越念越大聲，越念越大聲……。

力力念書的聲音變大了，老師很高興。看來力力成功了！沒有人再笑他是「紅番茄」。他想告訴麻雀，但是麻雀飛走了。

麻雀飛走了，力力仍然在林子裡和風和樹葉比賽……。

賽ㄙㄞˋ　越ㄩㄝˋ　仍ㄖㄥˊ　葉ㄧㄝˋ　較ㄐㄧㄠˋ

小小相聲：比賽

：我家小弟最喜歡和別人比賽，只要和朋友聊天時，總喜歡比來比去，而且比得你聽不下去。

：我家小妹也一樣，不過我可不知道他們在比什麼？

：有一天，我聽到我家小弟冬冬和他的同學小南在比賽。

：他們在比什麼？

：冬冬說：「我家有兩臺電視。」小南不甘示弱的說：「我家有兩臺冰箱。」

：真厲害！

：可不是嗎？冬冬又說：「我去過日本、美國。」小南說：「不稀奇，我去過埃及、英國，還去過月球。」

：嘿！真離譜！

：這還不嚇人，接下去小南搶先說：「我家出現過外星人。」

：哇！這樣也能比喔！

：你一定想不到，冬冬說：「我家出現得更多。酷斯拉、火星人、皮卡丘、巴斯光年……。」

：太可笑了！

：是呀，不過大人的比賽有時也是這樣可笑。

：會嗎？

：不是嗎？比吃飯，比不睡覺……，又好到哪裡。

：說得有理！

認識標點符號

冒號：

冒號是兩顆圓滾滾的球
滾出一段話
滾出一堆堆的東西

引號「」

引號是語文的寶貝櫃
左上一個角
右下一個角
裡面藏著
一段話
一些重要的意思
一個專有的名詞

大量識字有方法。「交」加「車」是「較」，「交」加其他字會變成什麼字？

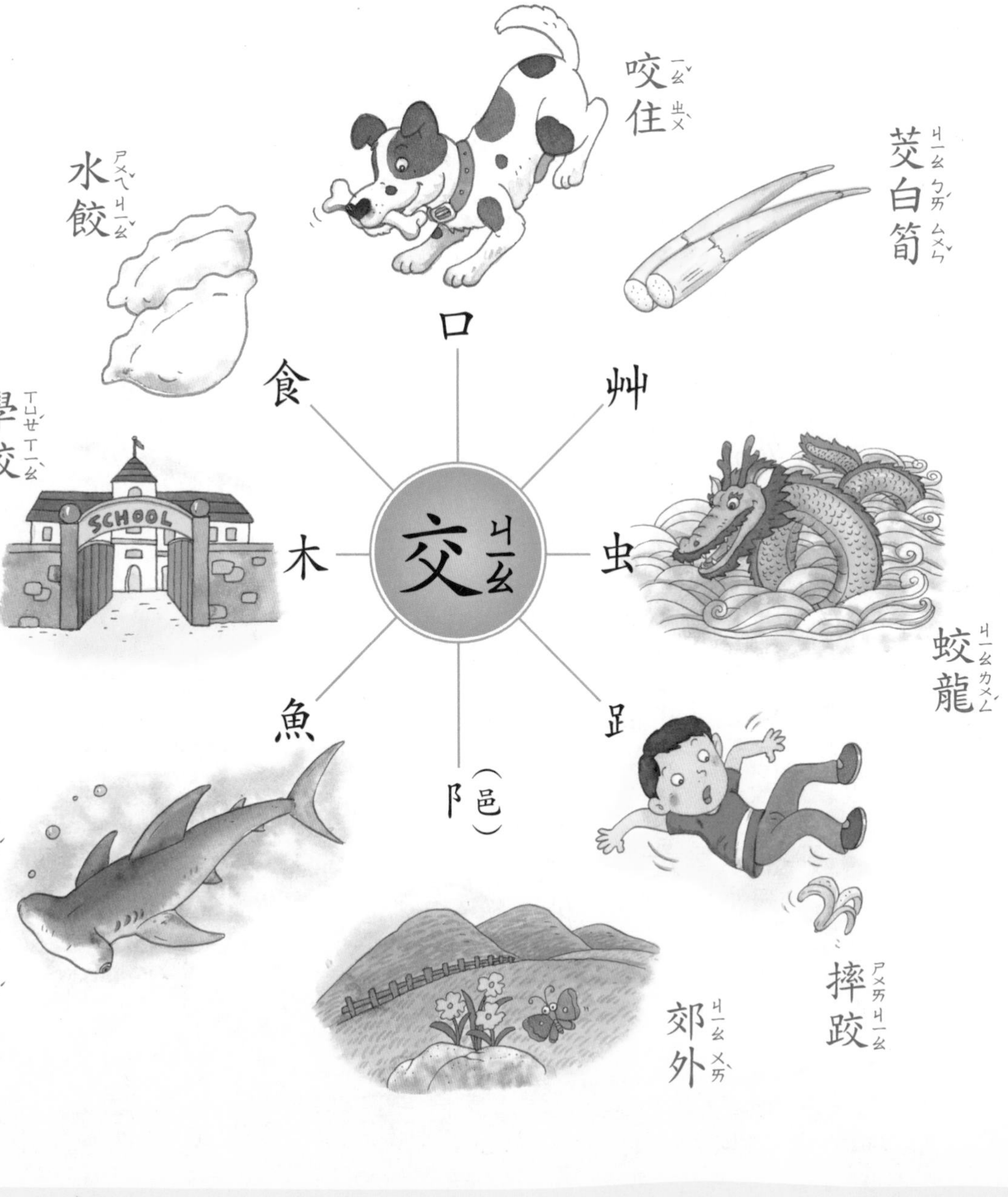

二 真心話

從前，大海裡住著一個貝，因為他喜歡胡說八道，所以大家都叫他吹牛貝。

有一天，吹牛貝出去散步。路上，看見了美麗貝。他好喜歡她，可是不敢說出來。吹牛貝心裡想：我平常總是胡說八道，別人都不再相信我，現在縱然我說出真心話，她還會相信我嗎？

從 ㄘㄨㄥˊ　海 ㄏㄞˇ　胡 ㄏㄨˊ　敢 ㄍㄢˇ　總 ㄗㄨㄥˇ　信 ㄒㄧㄣˋ　縱 ㄗㄨㄥˋ　潛 ㄑㄧㄢˊ　入 ㄖㄨˋ

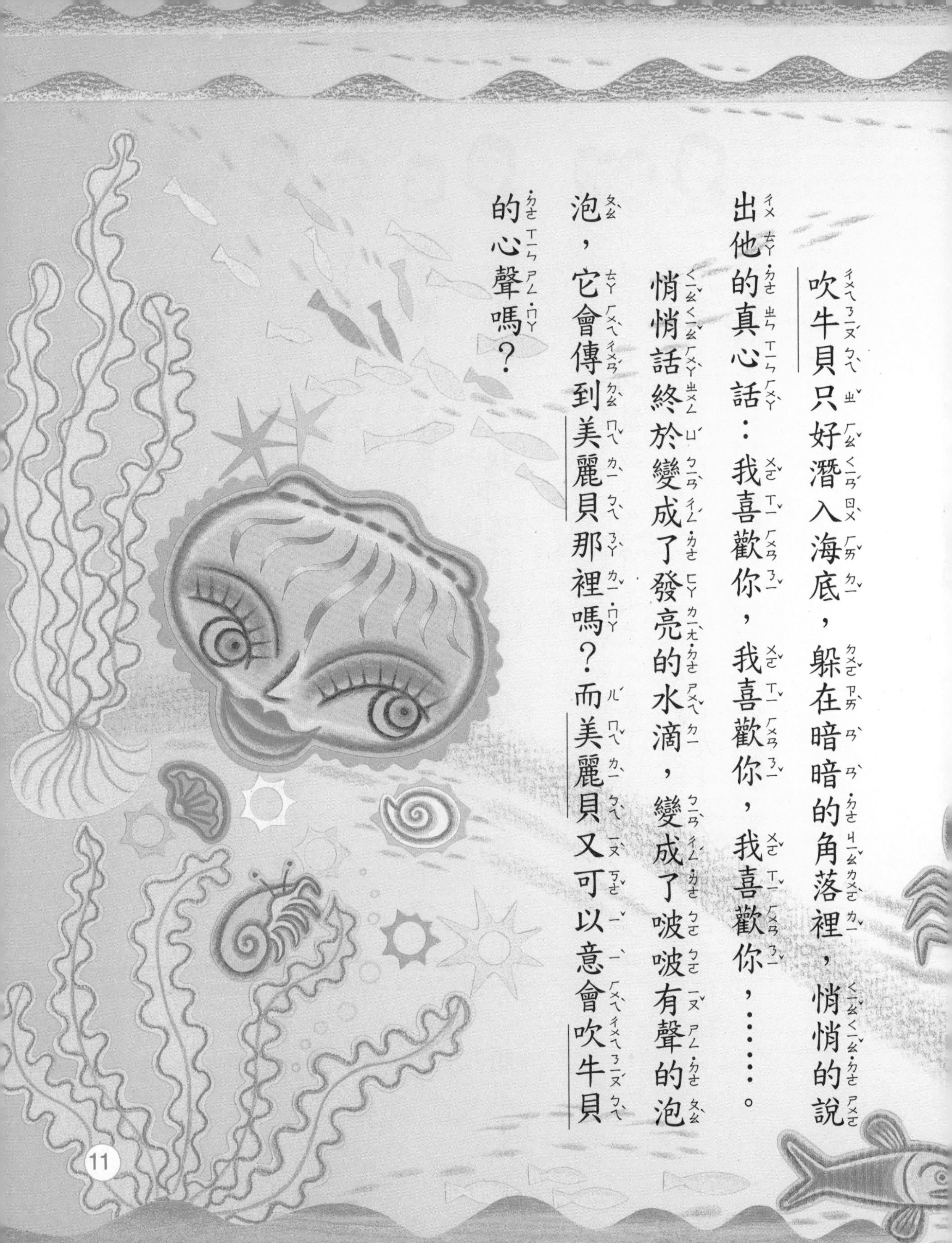

吹牛貝只好潛入海底，躲在暗暗的角落裡，悄悄的說出他的真心話：我喜歡你，我喜歡你，我喜歡你，……。悄悄話終於變成了發亮的水滴，變成了啵啵有聲的泡泡，它會傳到美麗貝那裡嗎？而美麗貝又可以意會吹牛貝的心聲嗎？

躲 暗 角 落 成 滴 傳

小小劇場：真心話

：（班長喊起立，敬禮，坐下。）上課了，我們要來考數學！

：什麼！明天要考數學！

：什麼！下節要考數學！

：不！聽好，我們這節要考數學，數學題目「十分」簡單！

（十分，要慢慢說，並加強語氣。）

：吔！老師萬歲，您真是太仁慈了。（學生齊聲歡呼！）

：但是（慢慢的，把聲音拉長），其他九十分的題目會很難。

（學生們頓時鴉雀無聲，發下考卷，大家趕快做題。）

（噹！噹！噹！另外一節課開始。）

：這一節課，我們還是要考試！（一片哀嚎慘叫聲！）

：唉！老師饒了我們吧！

：放心，這一堂考試可以OPEN BOOK！

：感謝老師。（老師開始巡堂。）

：甲同學，你為什麼把課本藏在桌面下，攤在大腿上抄？這樣不累嗎？

：多謝老師的關心，可是——這樣子，我比較習慣呀！

：喔！原來這是你的老習慣！

頓號、

頓號是一顆顆小黃豆
不停的
不停的
冒出新芽

寫一寫標點符號

1. 爸爸從國外帶回來許多東西□玩具啦、衣服啦、巧克力啦，什麼都有□
2. 麻雀說：□喂！快來吧！我們來比誰飛得快□□
3. 一段話中，最主要最完整的句子□叫做□中心句□。
4. 老師說得好□□人要有意志力□才能克服困難□□
5. 你聽過□愚公移山□這個寓言故事嗎□
6. 老師說□□孔子說：『有事弟子服其勞。』就是要學生多為老師服務的意思。□

語文小金庫

引號有兩種：「」叫單引號，『』叫雙引號。一般都用單引號，如果引號中還要用到引號的話，就用雙引號。

三 都皮先生的小羊

喝口茶，嘆口氣；看窗外，嘆口氣；走出去，嘆口氣；坐在草地，嘆口氣。最近都皮先生老是在嘆氣。

因為，他的小羊走失了。他永遠忘不了，牠大大的眼，長長的卷毛，白白胖胖的身子。更難忘的是小羊會和他一起吹吹風散散步，一起談天和說笑。想著想著，他幾乎要哭出來了。

胖ㄆㄤˋ 卷ㄐㄩㄢˇ 永ㄩㄥˇ 失ㄕ 窗ㄔㄨㄤ 嘆ㄊㄢˋ 羊ㄧㄤˊ

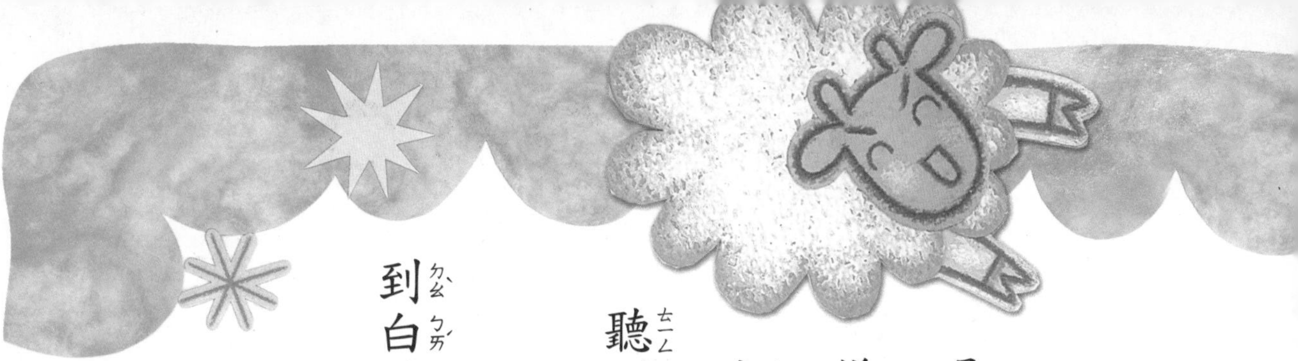

都皮太太說：「你看，水中有雲。也許是小羊喝了水中的雲朵，身子漲起來，就這樣輕輕的飛上天空了。」都皮先生對著雲朵大叫：「小羊，祝福你！」風中，他好像也聽到小羊的回答：「祝福你。」

晚上，都皮先生看到白羊座的小星星，心想：明天是好天氣吧？

座 答 福 許 談 難 更

小小相聲：往好處想

：我們不管碰到什麼事，都要往好處想，這樣日子就會過得快樂。

：是的，爸爸，今天我考試考了二十分，請您過目。

：你怎麼搞的，考得這麼糟。

：爸爸，別生氣，您不是教我不要貪心嗎？往好處想嘛！我一點也不貪心。

：可是……

：爸爸，昨天有個小偷來我們家偷東西。

：真的呀！你有沒有叫大家來捉小偷？

：沒有啦！小偷偷了太多東西搬不動，我還幫他搬了一些東西呢！

：你真笨，居然做出這種事來！

：爸爸，您不是常常說要「助人為快樂之本」嗎？往好處想嘛！我很會幫助別人呀！

：算了，拿你一點辦法也沒有。

：爸爸，我還有一件事情要告訴您。

：什麼事？（沒好氣的說）

：上音樂課的時候，大家都唱得很小聲，只有我張大了嘴，老師說像我這樣的口型最正確。

：真的，你表現得這麼好？（很高興的樣子）

：不是啦！我告訴老師我正在打呵欠！同學們都笑了，老師也笑了。

：（也笑了）好吧！往好處想，這也真是一件快樂的事呢！

認識名詞

這些詞語是「人」的「名稱」，寫「名稱」的詞語叫做「名詞」。

爺爺

司機

阿姨

工人

女孩

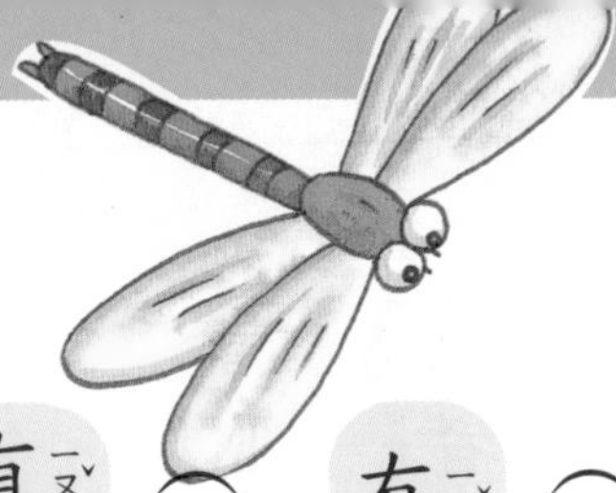

寫一寫：你還知道哪些名詞？

有關動物的名詞

蝴蝶、大象、蜘蛛、龍、獅子、蝌蚪、蜻蜓

有關地方的名詞

草原、空中、水田、綠草原、陽臺、家庭、學校

有關植物的名詞

沙漠玫瑰、向日葵、蝴蝶蘭、小松樹、蘋果樹

有關時間、空間的名詞

今夏、深秋、昨天、去年、上面、下方

抽象的名詞

音樂、社會、顏色、國家

四

爸爸下廚

爸爸是個會計師，平日工作很忙；到了假日，他會快樂的陪媽媽上超市買菜，然後下廚房煮菜。

爸爸先用快刀切細豆乾、肉絲、木耳、小黃瓜，再用一點鹽抹一抹小黃瓜。接著，用大火加熱油鍋，把豆乾、肉絲炒香。最後，放進木耳、小黃瓜和少許糖、醬油快炒一下，一道「小黃瓜炒肉絲」就上桌了。

抹ㄇㄛˇ 肉ㄖㄡˋ 乾ㄍㄢ 豆ㄉㄡˋ 細ㄒㄧˋ 切ㄑㄧㄝ 刀ㄉㄠ 計ㄐㄧˋ 廚ㄔㄨˊ

爸爸煮的一道道色香味都有的好菜，使我們全家人愉快的直說：「爸爸，您真是個大廚師！」

熱 鍋 炒 糖 全 鹽 醬

趣味相聲：吃烏龜

：昨天，我到餐廳吃飯，發生了一件事。

：你家還真闊氣，又上餐廳吃飯啦！

：是別人請客，你就別嫉妒啦！別吵，別吵，我話還沒說完呢！

：好吧！發生了什麼事？

：餐廳內有一個不聽話的小孩不斷的在吵。

：對！對！吃飯有人吵鬧，還真煩吔！

：拜託！我還沒說完你又吵啦！

：對不起！對不起！那就請說吧！

：那小孩連續叫著：「我要吃湯裡的烏龜，我要吃湯裡的烏龜，……」

……嘖！嘖！嘖！真噁心，還有人吃烏龜？

……可不是嗎！大人牙硬如鋼都吃不下，也不想吃，小孩要吃，可把餐廳裡所有的客人都嚇壞了。

……這可好，他媽媽怎麼辦？

……哎！他的媽可是不慌不忙。

……喔！不慌不忙。

……對，還慢條斯理……

……別賣關子了，你就快說吧！

……喔！他媽媽輕輕的從湯裡撈出一朵又一朵烏黑完整的……

……的什麼！快說！

……小香菇啦。

找一找

廚房裡有哪些東西？把號碼填上去。

1 烘碗機

2 烤箱

3 平底鍋

4 抽油煙機

5 熱水瓶

6 瓦斯爐

7 電鍋

8 水龍頭

9 洗碗精

10 洗碗槽

認識標點符號

書名號﹏﹏

書名號是條
長長的　彎彎的
愛書蟲
爬在書本　篇名上
臥在
歌名　報紙　文章　雜誌旁
香香甜甜的
睡著了

私名號——

發光的招牌
最愛在人名　地名　時代名
國名　種族名　學術名
引人注目
受人關注

五

姐姐的衣櫃

姐姐雖然不是特別漂亮，由於會打扮，所以約會還真多。今天，姐姐又匆匆忙忙的跑進房間說：「約會來不及了，我要快點換衣服。」

姐姐的衣櫃掛滿了衣服，有洋裝、襯衫、裙子、長褲、休閒運動服……，姐姐穿了又穿，換了又換，總是沒有一件能滿意，姐姐很不快樂。

媽媽對姐姐說：「粉紫的小茉莉洋裝，你穿起來清清淡淡的，很美麗！」姐姐才穿上它去赴約。

爸爸嘆了一口氣：「唉！女人的衣櫃總是少一件衣服！」

扮 ㄅㄢˋ　特 ㄊㄜˋ　匆 ㄘㄨㄥ　間 ㄐㄧㄢ　及 ㄐㄧˊ　洋 ㄧㄤˊ　裝 ㄓㄨㄤ　襯 ㄔㄣˋ　衫 ㄕㄢ

紫ㄗˇ 櫃ㄍㄨㄟˋ 件ㄐㄧㄢˋ 運ㄩㄣˋ 閒ㄒㄧㄢˊ 褲ㄎㄨˋ 裙ㄑㄩㄣˊ

小小相聲：老師的衣服

：我的老師好凶喔！我們都很怕她。

：真的？你們怎麼怕她？

：不管她做的事情有多糟，我們不敢說她，更不敢批評她。

：哇！真的！你們好可憐！上課好痛苦喲！

：可不是嘛！今天就發生了一件很恐怖的事情呢！

：趕快告訴我，發生了什麼事？

：事情是這樣的，今天老師穿了一件怪裡怪氣的外套來上課。

：那不是很好笑嗎？

：我們大家都想笑，但是不敢笑出來。沒想到老師開口說話了。

：喔！她說什麼？

：老師問我們說：「我今天穿的衣服怎麼樣啊？」大家你看看我，我看看你，誰也不敢講話。

：那可怎麼辦呢？

：大家都把眼光停在班長身上。班長硬著頭皮說：「無所不能的老師啊！你心裡想教我們不可以亂穿衣服，所以今天就穿得亂七八糟，給我們一個最好的示範。」

：哇！我真服了你們班長。老師一定哭笑不得嘍！

找一找

哪些衣服和配件是爸爸能穿的？哪些是媽媽能穿的？寫出號碼。

爸爸：

媽媽：

1 太陽眼鏡

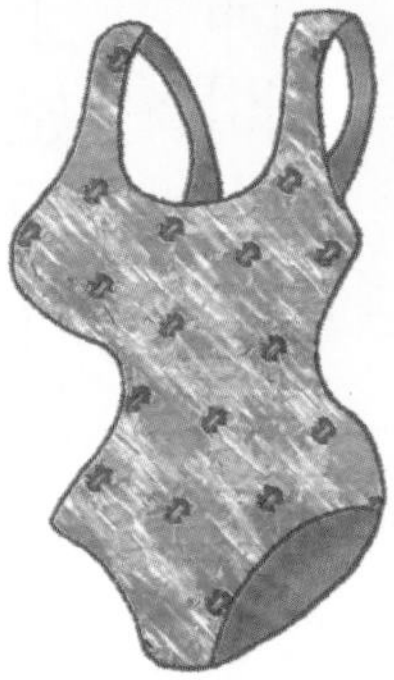

2 連身泳衣

3 海灘帽

4 高跟鞋

5 皮包

6 紳士鞋 ㄕㄣ ㄕˋ ㄒㄧㄝˊ

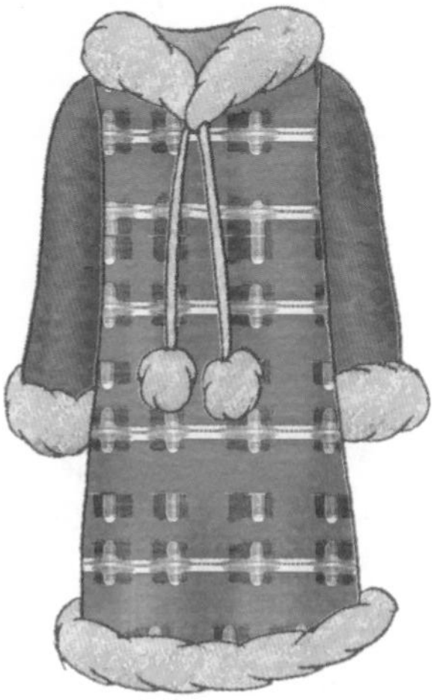

7 女大衣 ㄋㄩˇ ㄉㄚˋ ㄧ

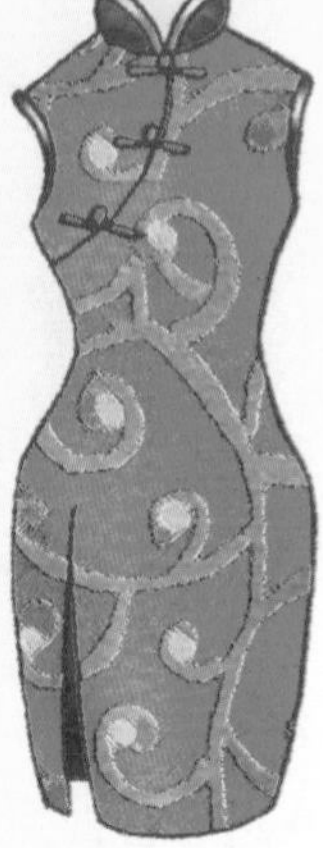

8 旗袍 ㄑㄧˊ ㄆㄠˊ

9 拖鞋 ㄊㄨㄛ ㄒㄧㄝˊ

10 男西裝 ㄋㄢˊ ㄒㄧ ㄓㄨㄤ

11 領帶 ㄌㄧㄥˇ ㄉㄞˋ

12 公事包 ㄍㄨㄥ ㄕˋ ㄅㄠ

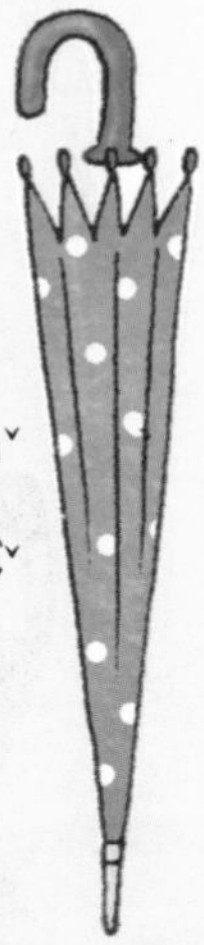

13 雨傘 ㄩˇ ㄙㄢˇ

14 短褲 ㄉㄨㄢˇ ㄎㄨˋ

念一念，比一比

每一組的字哪裡一樣？哪裡不一樣？

叮—叮咬　可—可是

怡—怡然　怠—怠慢

呆—呆住　杏—杏仁

吟—吟詩　含—包含

加—加法　另—另外

拿—拿走　拾—拾起

大ㄉㄚˋ

- 大ㄉㄚˋ—大ㄉㄚˋ人ㄖㄣˊ
- 太ㄊㄞˋ—太ㄊㄞˋ太˙ㄊㄞ
- 犬ㄑㄩㄢˇ—小ㄒㄧㄠˇ犬ㄑㄩㄢˇ
- 丈ㄓㄤˋ—丈ㄓㄤˋ夫ㄈㄨ

田ㄊㄧㄢˊ

- 田ㄊㄧㄢˊ—田ㄊㄧㄢˊ地ㄉㄧˋ
- 甲ㄐㄧㄚˇ—甲ㄐㄧㄚˇ等ㄉㄥˇ
- 由ㄧㄡˊ—由ㄧㄡˊ於ㄩˊ
- 申ㄕㄣ—申ㄕㄣ請ㄑㄧㄥˇ

丘ㄑㄧㄡ

- 丘ㄑㄧㄡ—山ㄕㄢ丘ㄑㄧㄡ
- 乒ㄆㄧㄥ—乒ㄆㄧㄥ乓ㄆㄤ球ㄑㄧㄡˊ
- 乓ㄆㄤ—乒ㄆㄧㄥ乓ㄆㄤ
- 兵ㄅㄧㄥ—士ㄕˋ兵ㄅㄧㄥ

六 記得說謝謝你

「謝謝你」是很容易說的三個字。但是，有時我們也很容易忘記它。

美國時代雜誌有一位作家，由於他每年都寄禮物給一個小男孩，卻從來沒有收到一張謝卡，因此他特地寫了文章在雜誌上發表。希望小朋友要記得對別人的好意，表示感謝。感謝人時，可以當面說，也可以寄謝卡。這樣才能讓人覺得你是有教養的人，別人接受你的感

希 章 寄 誌 雜 代 國 易 容

謝很快樂，如果你知道了，一定也會很快樂。

我們要常常說「謝謝你」。對親近的家人不能不說，對親戚、朋友甚至陌生人更要記得說。

陌ㄇㄛˋ 至ㄓˋ 甚ㄕㄣˋ 戚ㄑㄧ

養ㄧㄤˇ 覺ㄐㄩㄝˊ 讓ㄖㄤˋ 感ㄍㄢˇ 示ㄕˋ

小小相聲：不用客氣

：皮皮啊！今天大姨送你禮物，你沒有對她說謝謝。

：媽媽，的確是這樣子的；可是，我不過是照大人的意思做的呀！

：這怎麼說呢？

：每次我接到禮物跟大人說謝謝，大人都說：「不用客氣！不用客氣！」所以，我就不客氣了！

：皮皮啊！你也太皮了吧！

：今天您和誰在門口聊天？而且一聊就是二、三個小時呢？

：是林媽媽呀？

：媽媽您不是說要請客人到家裡來坐，而且要倒水請客人喝嗎？

：有啊！我已經請林媽媽到家裡來坐坐，來喝茶了！

：那她是不是說：「不用客氣！不用客氣！」呢？

：不是。她說她沒時間。

：哇！沒時間還可以聊二、三個小時！（停一下子）媽媽！我想買一部滑板車，好不好？

：不行，我沒有錢！

：是嗎？昨天我們到百貨公司，我看到您買好多衣服！

：是啊！所以錢用完了。下次再買吧！

：謝謝媽媽！（小孩很委屈無奈的樣子。）

：不用客氣！（很得意的樣子。）

認識動詞

和動作有關的字或詞語，是「動詞」。

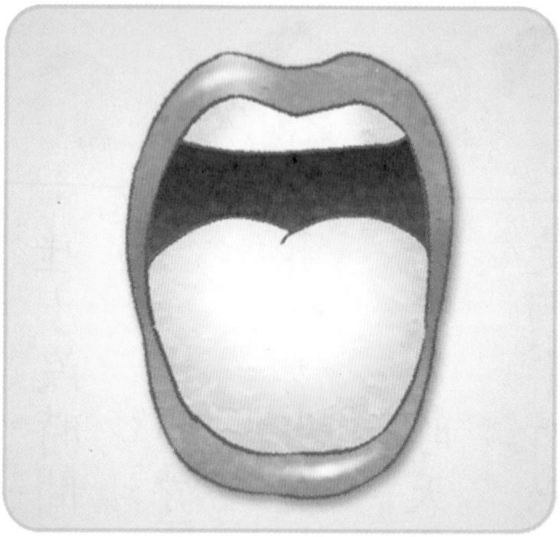

叫 吃 咬 吞 唱 吼 喊

踢 跳 踩 跑 踏

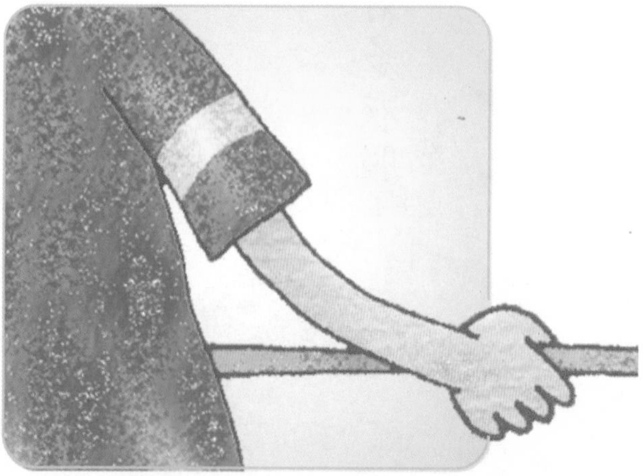

打 搬 抓 捉 拔 扛 撕

★和**行為**有關的動詞：躺、爬、坐、站、玩、閃、躲、走、鑽。

★和**變化**有關的動詞：有、是、消失、提高、下降、增加、縮小、擴大。

★和心理活動有關的動詞：愛、恨、想、羨慕、願意、回憶、懷念。

★和走向有關的動詞：來、去、上、下、入、出、起。

請把動詞圈起來

1. 他飛得那麼巧妙：點水、翻筋斗、迴旋、急轉彎，都保持美妙的姿勢。
2. 我們努力工作，終於得到成功。
3. 弟弟找了很久，把認識的字都找出來。
4. 今天我做錯一件事，我感覺很後悔。

七 高飛的小鳥

小鳥東東有個小小的心願，他希望飛到高高的天空，往下看看美麗的大地。

起先，燕子陪著他，快速的向上飛，向上飛，才一下子，他們體力不足，就停在枝上休息。

接著，雲雀來陪他飛，但是還沒飛到山頂，東東又飛不動了。

後來，老鷹伸平強壯的雙翅，靠著風力，帶著東東上升上升再上升，幾乎就要貼近

願ㄩㄢˋ 燕ㄧㄢˋ 速ㄙㄨˋ 枝ㄓ 伸ㄕㄣ 強ㄑㄧㄤˊ 壯ㄓㄨㄤˋ 翅ㄔˋ 靠ㄎㄠˋ 升ㄕㄥ

天邊了。東東從老鷹的羽毛裡鑽出來，開心的說：「謝謝你，我終於可以從高高的天空往下看，看到這個廣大而美麗的世界。」

過了不久，老鷹放慢速度，此時，東東也拍拍雙翅，跟在他的旁邊往下飛。他們一邊看大自然的美景，一邊輕輕的聊天，陣陣的笑聲不停的從天空中飄下來。

廣 世 界 度 旁 鷹 貼 鑽 景 聊 飄

小小劇場：小竹子病了

第一幕

：不知道是誰，老是在我腳底搔癢，真是不舒服。

：小竹子呀！你可能得了蚜蟲病，趕快請啄木鳥醫生幫你看一看。

：榕樹爺爺，別擔心，小小的蚜蟲應該很快就會離開。

：要注意。小洞不補大洞就叫苦，到時候可會受不了。

：沒關係，我只要身體搖一搖，蚜蟲就跑掉了。

第二幕

：今天頭好暈，只想躺下來。

：別擔心，啄木鳥醫生已經來到你的身邊。

：來！來！來！讓我把你身上的蟲抓出來。

：好痛好痛！不要再啄了。

：小竹子乖，忍耐一下，啄木鳥醫生很快就會把你的蟲抓乾淨。

：我受不了！停止停止！

：好了好了。已經都清除乾淨了。

：小竹子，已經把搔你癢的蚜蟲都抓乾淨，現在覺得怎樣？

：好多了，比以前舒服呢。

：那就好，休息一陣子，就可以完全康復了。

：謝謝您，啄木鳥醫生，謝謝您，榕樹爺爺。

讀一讀

春天在哪兒呀

楊喚

春天來了！
春天在哪兒呀？
小弟弟想了半天也搞不清；
頂著長風放長了線，
就請風箏去打聽。

海鷗說：春天坐著船在海上旅行，
難道你還沒有聽見水手們迎接春天的歌聲？
燕子說：春天在天空裡休息，
難道你還沒有看見忙來忙去的雲彩，
仔細的把天空擦的那麼藍又那麼亮？
麻雀說；春天在田野裡沿著小河散步，
難道你沒有看見大地從冬眠裡醒來，
梳過了森林的頭髮，又給原野換上了新裝。

看看文章這樣寫

用時間的順序來寫：

起先，燕子陪著他，
快速的向上飛，
接著，雲雀來陪他飛，
飛到半山腰。
後來，老鷹帶著他飛，
在高空中往下看風景。

起先，媽媽跟著他在校園裡，
慢慢的跑啊跑。
接著，表姊跟著他繼續跑，
一邊跑一邊聊天。
後來，爸爸帶著全家排成一隊，
嘻嘻哈哈的跑出校園，
往山坡跑。

八

五隻手指頭

半夜裡，大家都睡著，到處靜悄悄的。只有五隻手指頭翻過來翻過去，一直睡不著。

大拇指說：「我叫做大拇指，所以我最重要。」

食指說：「我才重要呢！只要我動一動，要找的人就來了！」

中指哈哈一笑說：「我長得像柱子那麼高那麼直，手一伸出來，就是我最出色。」

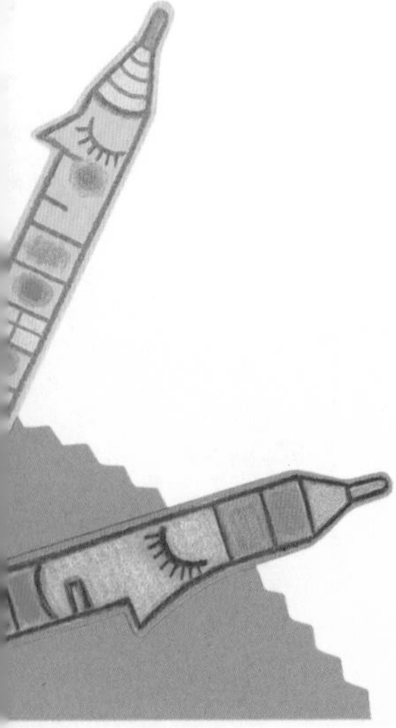

腰 ㄧㄠ　彎 ㄨㄢ　柱 ㄓㄨˋ　重 ㄓㄨㄥˋ　拇 ㄇㄨˇ　翻 ㄈㄢ　睡 ㄕㄨㄟˋ　夜 ㄧㄝˋ　指 ㄓˇ

戲ㄒㄧˋ 處ㄔㄨˋ 蜜ㄇㄧˋ 甜ㄊㄧㄢˊ 緊ㄐㄧㄣˇ 遊ㄧㄡˊ 戒ㄐㄧㄝˋ

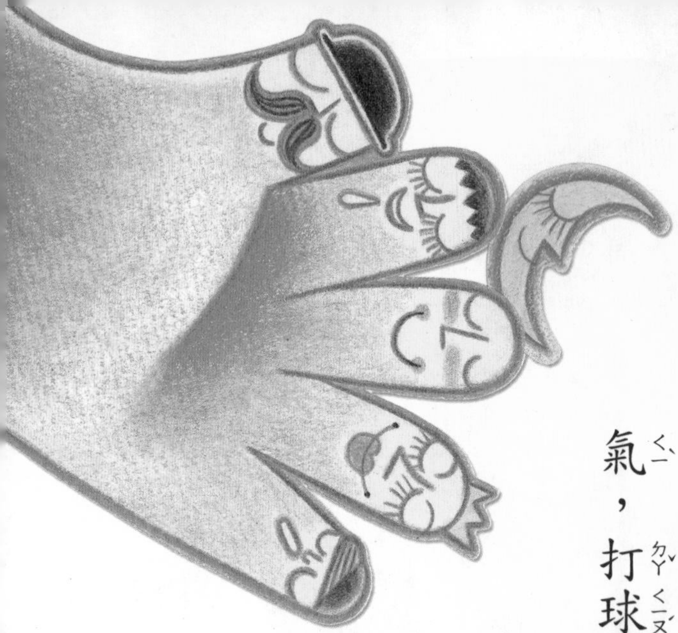

無名指彎著腰說：「戒指總是放在我這裡，我不重要嗎？」

四隻手指頭，生氣的看著對方，誰也不讓誰。

這時，小拇指微微的笑著說：「我們做事一起出力氣，打球抓魚玩遊戲，只要少了一個就沒趣！」

大家看看自己，看看兩旁，都覺得有道理。也就緊緊的靠在一起，甜甜蜜蜜的睡著了。

小小劇場：誰會說俏皮話

人物：中中、方方

：說起相聲用到俏皮話，真是一門大學問！你懂俏皮話嗎？

：你真是有眼不識泰山，我正是這方面的專家。

：你是專家，那可真是螞蟻吹喇叭——口氣真不小啊！

：螞蟻如果要吹喇叭——真的要很大的口氣。

：說專家，你是麻繩捆豆腐——不提也罷。

：麻繩確實不能提豆腐，一提就變豆花了。

：說專家，你是隔牆扔孩子——丟人。

：把孩子扔到牆外，叫做丟人，丟人就是丟臉，你竟然笑我。

：別生氣嘛！

：你說你是專家，就像是關公喝酒——看不出來。

：為什麼看不出來？

：關公的臉本來就是紅的，如果喝酒臉變紅，跟原來的紅還是一樣，所以是看不出來！

：我們這樣吵來吵去，實在丟人。

：真是不好意思，我們該好好去拜師學相聲，做理髮師的徒弟——從頭學起。（比出動作）

認識手和手指的成語

手不釋卷　手忙腳亂

愛不釋手　七手八腳

得心應手　指鹿為馬

大顯身手　指桑罵槐

手舞足蹈　食指大動

爸爸喜歡看書，整天手不釋卷，那一本厚厚的百科全書，更讓爸爸愛不釋手。

妹妹很可愛，一聽到要去外婆家，就高興得手舞足蹈，像一隻小蝴蝶，飛過來又飛過去。

李阿姨最會做菜了，每當我們去她家，她就大顯身手，煮出一道道的好菜讓我們吃。

★練習用前面的成語說一小段話。

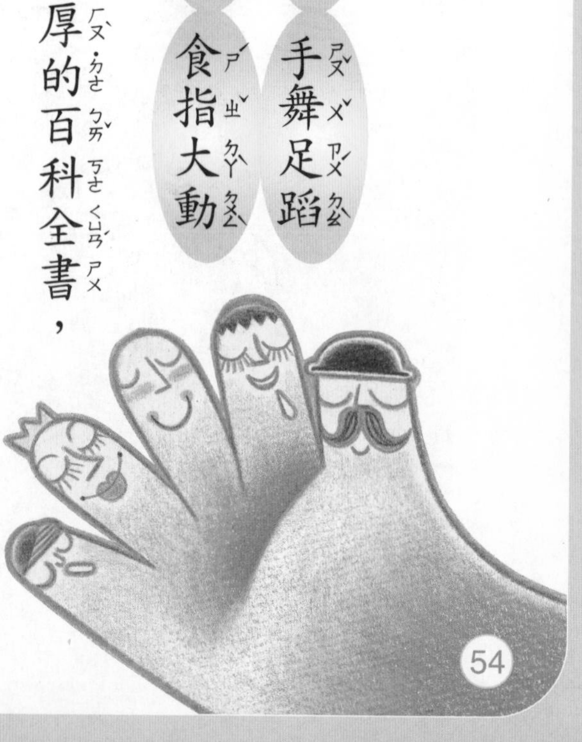

古詩欣賞

陶者

宋 梅堯臣

陶盡門前土，
屋上無片瓦；
十指不沾泥，
鱗鱗居大廈。

辛苦做瓦的人，為了做瓦，把自家門前的土都挖光了，
而自家的屋頂上卻連一片瓦都沒有；
那些十隻指頭沒有沾過泥土的人，
卻都住在瓦密如林的大廈裡。

九 我也要當義工

叔叔是醫院的義工。他每個星期至少有一天在醫院幫忙，他會指引別人如何掛號，也會幫忙推病床，或是到病房陪病人談天，為生病的小孩說故事、唱歌。叔叔說，看到生病的人展開笑容，心裡就特別的歡喜。

叔 至 引 何 推 病 床 或 故

姑姑是天文館的義工。一到假日，她就忙得不得了，有時候在服務臺幫忙遊客找東西；有時候在庭院裡做清潔工，有時候為小朋友說星星的故事，不論做什麼，姑姑都做得很開心。

最近，圖書館需要小義工，叔叔和姑姑都鼓勵我去，他們說：當義工，幫助別人最快樂。我想，過不久我就要成為一個快樂的小義工了。

姑ㄍㄨ　務ㄨˋ　論ㄌㄨㄣˋ　需ㄒㄩ　助ㄓㄨˋ

義ㄧˋ　醫ㄧ　號ㄏㄠˋ　潔ㄐㄧㄝˊ　鼓ㄍㄨˇ　勵ㄌㄧˋ

小小劇場：義工在醫院

第一幕（叔叔和姑姑）

：今天是星期三，我最開心了。

：是不是要跟朋友出去看電影？

：不是，今天是我到醫院當義工的日子。每到這一天，我的心情就特別好。

：那麼，你一定很喜歡做這件事。

：沒錯，因為助人為快樂之本。我要出門了。

：再見，祝你服務成功。

第二幕（姑姑和老先生）

：請問能為你做什麼事嗎？

：我要到A棟大樓的病房探病。

：要到哪一間？

：我忘記了。

：我幫你查查看，請問病人名字是……

：王淑華。

：他在503第一床。

：請問怎麼走？

：從這一條走廊直走，經過綠色的柱子右轉你會看到電梯，搭到五樓就可以。

：謝謝你。

：不客氣，慢慢走。

看看文章這樣寫

用人物所做的事來寫

先寫	叔叔是醫院的義工，他在醫院裡幫忙，（接著寫幫忙哪些事情）	表哥是汽車教練場的老師，他教人家學開車。（寫詳細的內容）
再寫	姑姑是天文館的義工，一到假日，她就忙得不得了。（接著寫幫忙哪些事情）	表姊是插花班的老師，她教許多人插花。（寫詳細的內容）
最後	寫到自己也想成為義工，和前兩段呼應。	我會溜冰，我希望有一天可以成為教小朋友溜冰的老師。

造句練習

至少

每天至少要喝五大杯水。

你已經兩天沒吃飯了，至少也吃一塊餅乾吧！

不論

不論白天或是黑夜，他總是站在路口等著家人回來。

不論颱風或是下雨，媽媽一定要去散步。

甚至

為了考第一名，弟弟甚至熬夜到天亮。

他抓緊所有練習賽跑的時光，甚至過年都不肯休息一陣。

最近

最近幾天，將會有午後大雷雨。

最近幾年，世界各地氣溫都有上升的現象。

十 曬衣服

今天，我和媽媽在陽臺上曬衣服。我把襪子一個個夾在曬襪架上，一陣風吹來，襪架和襪子一直在打轉。我發現襪架圓圓的，好像是遊樂場的摩天輪，興奮的跟媽媽說：「您看！襪子掛在襪架上，好像人坐在摩天輪上；風一吹襪子就轉呀轉，襪子也在坐摩天輪，真是有趣啊！」媽媽說：「來！我們一起來，把這個有趣的發

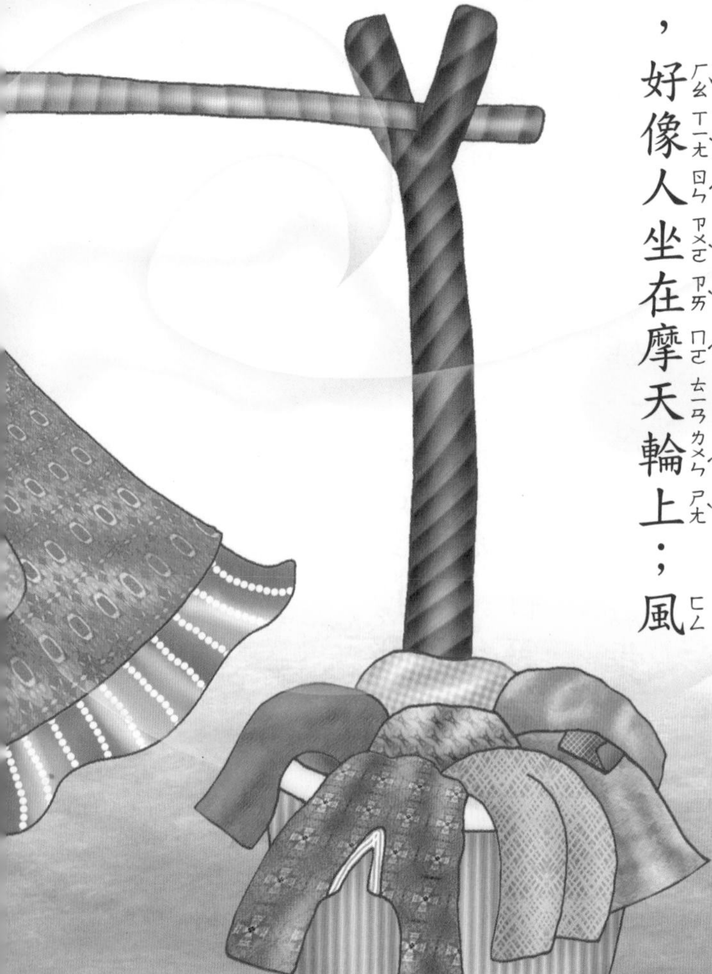

曬ㄕㄞˋ 襪ㄨㄚˋ 夾ㄐㄧㄚˊ 架ㄐㄧㄚˋ 陣ㄓㄣˋ 圓ㄩㄢˊ 奮ㄈㄣˋ 詩ㄕ 修ㄒㄧㄡ

現變成一首詩。」我把詩寫好了，媽媽幫我修改了一下：

曬襪架

紅色的襪，
白色的襪，
快快樂樂的排排隊，
高高掛，
它們像是摩天輪上的
小飛俠。

改 俠

風來了，
襪子轉呀轉；
風去了，
襪子盪呀盪。

襪子啊，
你的頭兒暈不暈？
你的腳兒酸不酸？

輪ㄌㄨㄣˊ 摩ㄇㄛˊ 酸ㄙㄨㄢ 暈ㄩㄣ 盪ㄉㄤˋ

組詞練習

1

「麗」字喜歡看美（麗）的風景。它遇到「日」部，陽光就出來了，你得趕快把衣服拿出來（曬）一（曬）。如果遇到「水」部，那你得連忙提一桶水，把花園裡的花（灑）一點水啊！

2

「侖」字的花樣多。遇到「車」部，哈哈！你可以坐上摩天（輪），興奮的大叫。遇到「言」部，你可以和朋友高談闊（論）。遇到「人」部，你在家裡享受天（倫）之樂。

詩歌和散文有什麼不同？

詩歌和散文的不同有：

詩歌的句子一行一行並列，散文的句子會連著寫。

通常詩歌的字數比散文少。

詩歌大多數有押韻，節奏和聲調讀起來比較好聽。

詩歌用的修辭方法比較多而且明顯。

小小劇場：孟母三遷

時間：古時候

地點：墳墓、市場、學校附近

人物：孟母、孟子及鄰近孩子

幕起時，孟母在房裡織布，而孟子和鄰居孩子在屋子外面玩。

[孟子]：快！快！跪在這個墳墓前面拜一拜！

[鄰居孩子]：這是你父親的墳墓嗎？

[孟子]：不是啦！別人來到這裡不都是又跪又拜的嗎？

[孟母]：（從窗口往外看，忍不住的說）我的兒子竟然學別人在拜墓，這裡不是居住的好環境，我得搬家啊！

這次孟母搬到一個熱鬧的市場附近，聰明的孟子又學商人做買賣的情形。

[孟子]：（大聲吆喝）大娘！你快來買菜，新鮮的白菜，買一把送一根蔥。

[孟母]：兒子，你怎麼又學人家賣菜啊！我想這裡不是好地方，我們再搬家吧！

孟母又搬家了，這次搬到一所學校的旁邊。

：那些孩子都在讀書，讀書的聲音真好聽，我也要學學他們。娘！我念一首詩給您聽好嗎？

：好！好！當然好！

：（搖頭晃腦的）春天過了夏天到／池塘青蛙嘓嘓叫／衣服棉被曬一曬／環境衛生要做好。

：兒子，你讀得真好，你喜歡唸書，多讀一些書，將來才有能力為人們服務。

從此孟母不再搬家了，因為她為孩子找到一個成長的好環境。孟子受環境的影響和母親的鼓勵，終於成了歷史上的名人，而「孟母三遷」的故事也就流傳下來了。

十二 洗碗

吃完晚餐，我要去洗碗，發現祖母已經在廚房了。我打開洗碗機準備放碗，祖母搖搖手說：「今天碗不多，洗碗機耗水又耗電，我們用手洗吧！」

祖母用一鍋乳白色的水洗碗。我問：「這是什麼水？為什麼不用洗碗精洗呢？」

「這是洗米水，是我剛剛淘米時特地留下的，它很能去油喔！」祖母說。碗果然洗得亮晶晶的。

祖母又說：「洗碗精、洗衣精會污染下水道，污

洗 祖 母 搖 耗 乳 剛 淘 留

染河流，我們還是少用為妙。」

我放碗盤時，祖母靠過來說：「什麼東西都是用天然的比較好。改天我們再找茶油粉、黃豆粉來洗碗。」

我說：「好啊！我好想看看這些東西。」

盤ㄆㄢˊ 餐ㄘㄢ 較ㄐㄧㄠˋ 流ㄌㄧㄡˊ 染ㄖㄢˇ 污ㄨ 晶ㄐㄧㄥ

自述法練習

什麼是自述法？就是用「第一人稱」來介紹自己的說法。下面的電器用品，用第一人稱的「我」來介紹，讀起來有什麼不同？

我是一臺洗衣機，清洗髒衣服沒問題。

我是一個曬衣架，把衣服曬在陽光下。

我是一臺洗碗機，洗一洗碗盤不費力。

我是一臺電視機，一天到晚提供訊息。

我是一臺冷氣機，夏天到了涼快無比。

短文練習

情境一：一陣大風吹過來，會有什麼情況發生？

一陣大風吹過來，把桌上一本書翻開了。一個小孩跑過來，指著書上的圖說：「好大的一座城堡，裡面住了一個巨人，他有一隻會下蛋的母雞，還有一把會唱歌的琴。」

情境二：下課了，我跑出教室，接下來有什麼事嗎？

下課了，我連忙跑出教室，到合作社買了一包魚飼料，然後到魚池去餵魚。有許多小朋友也在餵魚，當我把魚飼料灑下去時，大大小小，各種顏色的魚都游過來了，看到這種壯觀的場面，是我最開心的時候。

小小劇場：周處除三害

時間：古時候　地點：一個村子裡

人物：周處、老人、村民甲、乙、丙

幕起時，周處在郊外散步，遇到一個愁容滿面的老人。

：老人家，今年我們的村子裡豐收，人人有飯吃，您煩惱什麼事？

：年輕人，你不知道啊！我們村子裡有三害。

：（好奇）我們村子裡有三害，是哪三害？

：一害是南山下有一隻凶猛的大老虎；二害是長橋下有一條巨大的蛟龍；三害是村子裡為非作歹的周處。

：（訝異）老天！我周處居然成了村子裡的三害之一。

：年輕人，這三害不除，大家不能過好日子，我當然快樂不起來。

：老人家，您放心，我一定把這三害除掉。

周處帶著弓箭到南山，一箭射死了那隻大老虎。然後跳進長橋下的河水中，跟那條蛟龍搏鬥了三天三夜，才把蛟龍殺死了。

：哇！蛟龍被周處的鋼刀殺死了，鮮血染紅了整條河。

：什麼？周處回來了？

：為什麼蛟龍不把周處吃了呢？

：原來村民這麼厭惡我，我只好離開這裡，替他們把三害都除掉吧！

於是周處離開家鄉到別處去，他改頭換面，重新做人。

十二 美麗的山

假日，爸爸開車帶我們到山上玩。

來到山上，四周都是山，我說：「我們被山包圍了。」

爸爸說：「我們在擁抱群山。」我對著山大聲的叫著：「喔依——喔依——」好像人猿泰山一樣神氣。

妹妹站在山邊說：「從山上往下看，房子變小了，溪水追著石頭唱著歌，風景真漂亮。」

媽媽說：「這是一座美麗的山。」

我喜歡滿山遍地的茶園。一排排的茶樹排列得很整齊，走

周 圍 擁 依 泰 景 遍 列 整

進茶樹中，摘了一片綠綠的茶葉在手心中，揉一揉，聞一聞，感覺也變得清香了！

下午，山上下了一場小雨，爸爸帶我們一家人在茶館喝喝茶、看看雨景。

爸爸說：「雨中的山，穿著一層薄薄的紗，美麗得像是媽媽當新娘的樣子。」

媽媽偷偷的笑了，

山也跟著笑了。

齊 摘 層 薄 紗 猿 揉 娘 偷

讀一讀

我們擁抱著群山。
媽媽擁抱著弟弟。
哥哥擁抱著獎牌。

溪水追著石頭唱著歌。
妹妹追著蝴蝶大聲叫。
弟弟追著小狗哈哈笑。

雨中的山，穿著一層薄薄的紗，美麗得像媽媽當新娘子一樣。
海面上的海鳥，一排排的飛著，神氣得像勇敢的阿兵哥一樣。

寫作時，可以透過我們的眼睛、耳朵、鼻子、舌頭、皮膚，把週遭所感受到的人、事、物，很細膩，很真實的描寫出來，就是「摹寫」法的修辭。

視覺：（眼睛）

哇！滿山遍野都是茶園。

妹妹的樣子好像人猿泰山一樣的神氣。

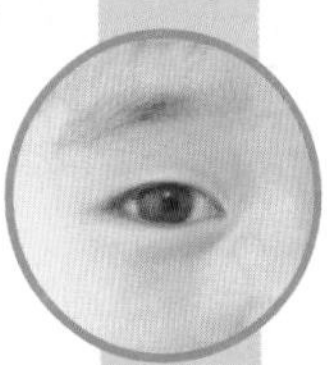

味覺：（舌頭）

爸爸喝了一口茶，說茶又香又甘。

我最愛吃酸酸辣辣的牛肉麵。

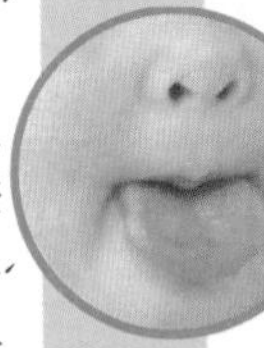

觸覺：（皮膚）

風輕柔柔的，草軟綿綿的。

突然下了一陣小雨，把我的頭髮淋濕了。

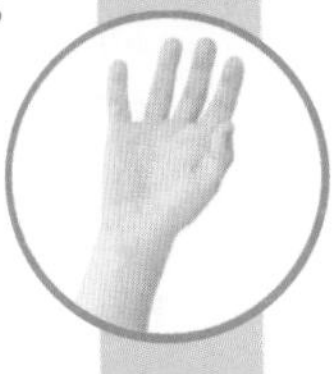

聽覺：（耳朵）

我大聲的叫著：「我們被山包圍了。」

叮咚！叮咚！是誰在按門鈴？

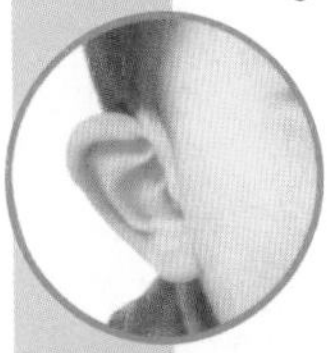

嗅覺：（鼻子）

走在山路上，我聞到一陣野花的香味。

我經過一條水溝，哇！臭味衝天。

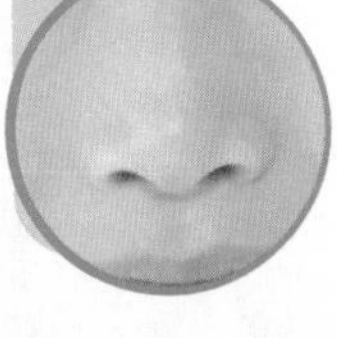

小小劇場：爬山

時間：星期天早上　地點：郊外的一座小山　人物：爸爸、媽媽、我和妹妹

幕起時，有一家人正在努力的爬上山去。

：哇！一陣陣的風兒吹過來，好舒服！

：（邊走邊叫）山上的空氣好新鮮，有一股牛奶的味道。

：加油！看誰先爬到半山腰土地公那裡。

：沒問題，我正要去跟土地公道個謝。

：（心中有疑問）謝什麼？

：（一邊爬山一邊說）你知道嗎？上一次，我來爬山時，請土地公保佑我期末考滿分，我真的做到了，所以我要謝謝土地公。

：真的？（手舞足蹈）那我也要請土地公保佑我，下星期的英文

演說比賽，我能說得好，說得妙，說得呱呱叫，讓那些評審老師給我高分。

：哈！兩個孩子爬得真快，我們也要加加油！

：別急！你看！兩旁的櫻花都掉了，樹枝都抽出新芽。

：新芽或新葉子特別嫩、特別綠，就像一個新生命，多惹人喜歡。

（半山腰，有一座土地公廟。慈眉善目的土地公，留著白花花的鬍子，穿著黃色衣服，非常受人歡迎。）

：爸！媽！我跟哥哥先到了。哥哥還跟土地公許願。

：哦！哥哥許什麼願？

：妹妹！拜託！現在不能說，說了就不靈。

：好！好！不說！不說！繼續往上爬，爬到山頂上吧！

附錄

認識基本筆畫

筆畫	名稱	例子
一	橫	一 二
丨	豎	斗 不
丶	點	魚 字
丿	撇	仁 什
㇏	捺	人 之
㇀	挑	法 挑
㇕	橫折	曰 田

筆畫	名稱	例子
㇄	豎曲鉤	包 他
㇖	橫鉤	皮 也
亅	豎鉤	牙 寸
㇂	斜鉤	我 代
㇁	彎鉤	了 豕
㇆	橫折鉤	月 再
㇇	橫撇	發 又

附錄

標準筆順

數字為總筆畫

第一課

番 12
番番番番番番番番番番番番

茄 9
茄茄茄茄茄茄茄茄茄

級 10
級級級級級級級級級級

乎 5
乎乎乎乎乎

管 14
管管管管管管管管管管管管管管

漲 14
漲漲漲漲漲漲漲漲漲漲漲漲漲漲

並 8
並並並並並並並並

第二課

且 5
且且且且且

別 7
別別別別別別別

賽 17
賽賽賽賽賽賽賽賽賽賽賽賽賽賽賽賽賽

越 12
越越越越越越越越越越越越

仍 4
仍仍仍仍

葉 13
葉葉葉葉葉葉葉葉葉葉葉葉葉

從 11
從從從從從從從從從從從

海 10
海海海海海海海海海海

胡 9
胡胡胡胡胡胡胡胡胡

敢	總	信	縱	潛	入	躲	暗	角	落
12	17	9	17	15	2	13	13	7	13

第三課

成	羊	嘆	窗	失	永	卷	胖	更
6	6	14	12	5	5	8	9	7

第四課

刀	計	廚	座	答	福	許	談	難
2	9	15	10	12	13	11	15	19

全	糖	炒	鍋	熱	抹	肉	乾	豆	細	切
6	16	8	17	15	8	6	11	7	11	4

第五課

扮	特	匆	間	及	洋	裝	襯	衫
7	10	5	12	4	9	13	21	8

第六課

裙	褲	閒	運	件	容	易	國	代
12	15	12	13	6	10	8	11	5

雜	誌	寄	章	希	示	感	讓	覺	養
18	14	11	11	7	5	13	24	20	15

第七課

願	燕	速	枝	伸	強	壯	翅	靠
19	16	11	8	7	11	7	10	15

升	廣	世	界	度	旁
4	15	5	9	9	10

第八課

指	夜	睡
9	8	14

翻	拇	重	柱	彎	腰	戒	遊	緊	甜
18	8	9	9	22	13	7	13	14	11

字	筆畫
蜜	14

第九課

字	筆畫
叔	8
至	6
引	4
何	7
推	11
病	10
床	7
或	8
故	9

字	筆畫
姑	8
務	11
論	15
需	14
助	7

第十課

字	筆畫
曬	23
襪	20
夾	7
架	9

字	筆畫
陣	10
圓	13
奮	16
詩	13
修	10
改	7
俠	9
盪	17
暈	13
酸	14

第十一課

字	筆畫
洗	9
祖	9
母	5
搖	13
耗	10
乳	8
剛	10
淘	11
留	10

第十二課

晶	污	染	流	較	周	圍	擁	依
12	6	9	9	13	8	12	16	8

泰	景	遍	列	整	齊	摘	層	薄	紗
10	12	13	6	16	14	14	15	17	10

字詞拼音對照表

漢語拼音、通用拼音和英文解釋

課次	字詞	頁碼	漢語拼音	通用拼音	英文解釋
1	番	2	fān	fan	a turn, foreign
	茄	2	qié	cié	the eggplant
	番茄	2	fānqié	fancié	tomato
	級	2	jí	jí	rank
	年級	2	niánjí	niánjí	class in school
	乎	2	hū	hu	indicating a question
	幾乎	2	jīhū	jihu	almost
	管	2	guǎn	guǎn	a cylindrical tube, take care of
	不管	2	bùguǎn	bùguǎn	regardless
	漲	2	zhàng	jhàng	to swell up, to rise in water
	漲紅	2	zhànghóng	jhànghóng	become red
	並	2	bìng	bìng	and also
	且	2	qiě	ciě	and, besides
	並且	2	bìngqiě	bìngciě	furthermore
	別	5	bié	bié	other, to leave
	別哭	5	biékū	biéku	don’t cry
	賽	5	saì	sài	a contest
	比賽	5	bǐsaì	bǐsài	contest
	越	5	yuè	yuè	go over

課次	字詞	課文頁碼	漢語拼音	通用拼音	英文解釋
	仍	5	réng	réng	still
	仍然	5	réngrán	réngrán	as usual, as before
	葉	5	yè	yè	a leaf
	樹葉	5	shùyè	shùyè	leaf
2	從	10	cóng	cóng	to follow
	從前	10	cóngqián	cóngcián	formerly
	海	10	hǎi	hǎi	the sea
	大海	10	dàhǎi	dàhǎi	the ocean
	胡	10	hú	hú	foolishly
	胡說八道	10	húshuōbādào	húshuobadào	take nonsense, rubbish
	敢	10	gǎn	gǎn	dare
	不敢	10	bùgǎn	bùgǎn	dare not
	總	10	zǒng	zǒng	collect, at any rate
	總是	10	zǒngshì	zǒngshìh	always
	信	10	xìn	sìn	to trust
	相信	10	xiāngxìn	siangsìn	believe
	縱	10	zòng	zòng	indulge
	縱然	10	zòngrán	zòngrán	even if
	潛	11	qián	cián	to hide
	入	11	rù	rù	enter, come in/into
	潛入	11	qiánrù	ciánrù	enter secretly
	躲	11	duǒ	duǒ	to hide, hide away from
	躲在	11	duǒzài	duǒzài	to hide

課次	字詞	課文頁碼	漢語拼音	通用拼音	英文解釋
	暗	11	àn	àn	dark
	黑暗	11	hēiàn	heiàn	dark
	角	11	jiǎo	jiǎo	a corner
	落	11	luò	luò	a settlement
	角落	11	jiǎoluò	jiǎoluò	corners of a room
	成	11	chéng	chéng	full, to complete
	變成	11	biànchéng	biànchéng	became
3	羊	16	yáng	yáng	sheep
	小羊	16	xiǎoyáng	siǎoyáng	a lamb
	嘆	16	tàn	tàn	to sigh
	嘆氣	16	tànqì	tàncì	sigh incessantly
	窗	16	chuāng	chuang	window
	窗外	16	chuāngwài	chuangwài	outside the window
	失	16	shī	shih	mistake,error
	走失	16	zǒushī	zǒushih	get lost
	永	16	yǒng	yǒng	ever
	永遠	16	yǒngyuǎn	yǒngyuǎn	forever
	卷	16	juǎn	jyuǎn	a roll, a reel
	胖	16	pàng	pàng	fat
	更	16	gèng	gèng	to change
	難	16	nán	nán	not easy, hardly
	難忘	16	nánwàng	nánwàng	unforgetable
	談	16	tán	tán	talk
	談天	16	tántiān	tántian	have idle gossip, to chat

課次	字詞	課文頁碼	漢語拼音	通用拼音	英文解釋
	許	17	xǔ	syǔ	to allow
	也許	17	yěxǔ	yěsyǔ	perhaps
	福	17	fú	fú	blessing
	祝福	17	zhùfú	jhùfú	to pray for blessing, to bless
	答	17	dá	dá	to answer
	回答	17	huídá	huéidá	reply
	座	17	zuò	zuò	a seat
	星座	17	xīngzuò	singzuò	constellation
4	廚	22	chú	chú	a kitchen
	廚房	22	chúfáng	chúfáng	kitchen, a cook
	計	22	jì	jì	a plan, device, strategem
	會計師	22	kuàijìshī	kuàijìshih	an accountant
	計算	22	jìsuàn	jìsuàn	compute, calculate
	刀	22	dāo	dao	the radical
	菜刀	22	càidāo	càidao	kitchen chopper
	切	22	qiē	cie	to feel the pulse
	切菜	22	qiēcài	ciecài	chop
	細	22	xì	sì	small
	仔細	22	zǐxì	zǐhsì	careful
	豆	22	dòu	dòu	various kinds of beans
	乾	22	gān	gan	dry
	豆乾	22	dòugān	dògan	partially dehydrated, bean curd
	肉	22	ròu	ròu	meat, flesh
	雞肉	22	jīròu	jiròu	chicken

課次	字詞	課文頁碼	漢語拼音	通用拼音	英文解釋
	抹	22	mǒ	mǒ	to brush off, wipe clean
	抹一抹	22	mǒyìmǒ	mǒyìmǒ	wipe off
	塗抹	22	túmǒ	túmǒ	smear over
	熱	22	rè	rè	hot
	加熱	22	jiārè	jiarè	to heat
	鍋	22	guō	guo	a cooking pot, saucepan
	油鍋	22	yóuguō	yóuguo	cauldron of boiling oil
	炒	22	chǎo	chǎo	to fry
	炒肉絲	22	chǎoròusī	chǎoròusih	fried pork slivers
	糖	22	táng	táng	sugar
	糖果	22	tángguǒ	tángguǒ	sweetmeats in gen
	全	23	quán	cyuán	whole
	全家	23	quánjiā	cyuánjia	whole family
5	扮	28	bàn	bàn	to dress up
	打扮	28	dǎbàn	dǎbàn	make up
	特	28	tè	tè	special
	特別	28	tèbié	tèbié	special
	匆	28	cōng	cong	in a hurry
	匆忙	28	cōngmáng	congmáng	hurried
	間	28	jiān	jian	divide, a place
	房間	28	fángjiān	fángjian	room
	及	28	jí	jí	come up to, in, on
	來不及	28	láibùjí	láibùjí	can't be done

附錄

課次	字詞	課文頁碼	漢語拼音	通用拼音	英文解釋
	洋	28	yáng	yáng	ocean, dollars
	裝	28	zhuāng	jhuang	dress, clothing
	洋裝	28	yángzhuāng	yángjhuang	western dress
	襯	28	chèn	chèn	underclothing
	衫	28	shān	shan	gown,shirt
	襯衫	28	chènshān	chènshan	shirt, undervest
	裙	28	qún	cyún	petticoat
	裙子	28	qánzi	cyúnzi̊h	skirt
	褲	28	kù	kù	pants
	長褲	28	chángkù	chángkù	pants
	閒	28	xían	sián	leisure time
	休閒	28	xiūxían	siousián	free from work, leisure
	運	28	yùn	yún	luck
	運動服	28	yùndòngfú	yùndòngfú	athlete clothes
	件	28	jiàn	jiàn	a unit or item of anything
	一件	28	yíjiàn	jíjiàn	a piece of
6	容	36	róng	róng	appearance
	易	36	yì	yì	easy
	容易	36	róngyì	róngyì	easy to do, simple
	國	36	gúo	guó	a country
	國家	36	gúojiā	guójia	the state or nation
	代	36	dài	dài	generation
	時代	36	shídài	shíhdài	era, period

課次	字詞	課文頁碼	漢語拼音	通用拼音	英文解釋
	代表	36	dàibiǎo	dàibiǎo	delegate, deputy
	雜	36	zá	zá	mix
	誌	36	zhì	jhìh	a record
	雜誌	36	zázhì	zàjhìh	magazine
	寄	36	jì	jì	send
	寄信	36	jìxìn	jìsìn	mail letters
	章	36	zhāng	jhang	a piece of writing
	文章	36	wénzhāng	wúnjhang	a literary composition, essay
	希	36	xī	si	to hlpe to
	希望	36	xīwàng	siwàng	hope
	示	36	shì	shìh	to show
	表示	36	bǐǎoshì	biǎoshìh	express, demonstrate
	感	36	gǎn	gǎn	to move, to feel
	感謝	36	gǎnxìe	gǎnsiè	thankful
	讓	36	ràng	ràng	let, yield to
	讓人	36	ràngrén	ràngrén	make me feel
	覺	36	jué	jyué	feeling
	覺得	36	juéde	jyuédẻ	feel
	養	36	yǎng	yǎng	to train, to raise
	教養	36	jiàoyǎng	jiàoyǎng	upbringing, bring up
7	願	42	yuàn	yuàn	a wish
	心願	42	xīnyuàn	sinyuàn	willing
	燕	42	yàn	yàn	the swallow

課次	字詞	課文頁碼	漢語拼音	通用拼音	英文解釋
	燕子	42	yànzi	yànzi̊h	swallow
	速	42	sù	sù	quick, rapid
	速度	42	sùdù	sùdù	speed
	快速	43	kuàisù	kuàisù	very fast
	枝	42	zhī	jhih	a slender piece
	樹枝	42	shùzhī	shùjhih	branch
	伸	42	shēn	shen	to stretch
	伸平	42	shēnpíng	shenpíng	to stretch open
	強	42	qiáng	ciáng	strong
	壯	42	zhuàng	jhuàng	strong
	強壯	42	qiángzhuàng	ciángjhuàng	powerful, strong
	翅	42	chì	chìh	wings
	翅膀	42	chìbǎng	bǎng	wings
	靠	42	kào	kào	to rely on
	靠著	42	kàozhe	kàojhe̊	leaning on
	升	42	shēng	sheng	to go up
	上升	42	shàngshēng	shàngsheng	to make progress upward
	廣	43	guǎng	guǎng	width, expand
	廣大	43	guǎngdà	guǎngdà	large, vast
	世	43	shì	shìh	this world, epoch
	界	43	jiè	jiè	boundary
	世界	43	shìjiè	shihjiè	the universe, the world
	度	43	dù	dù	measure of length

課次	字詞	課文頁碼	漢語拼音	通用拼音	英文解釋
	旁	43	páng	páng	side
	旁邊	43	pángbiān	pángbian	close by position
8	指	48	zhǐ	jhǐh	finger, point to
	手指頭	48	shǒuzhǐtóu	shǒujhǐhtóu	figner
	夜	48	yè	yè	night
	半夜	48	bànyè	bànyè	midnight
	睡	48	shuì	shuèi	to sleep
	睡覺	48	shuìjiào	shuèijiào	go to bed
	翻	48	fān	fan	turn over
	翻來翻去	48	fānláifānqù	fanláifancyù	toss in bed
	拇	48	mǔ	mǔ	thumb
	大拇指	48	dàmǔzhǐ	dàmǔjhǐh	thumb
	重	48	zhòng	jhòng	heavy, valuable
	重要	48	zhòngyào	jhòngyào	important
	柱	48	zhù	jhù	a pillar
	柱子	48	zhùzi	jhùzǐh	pillar
	彎	50	wān	wan	to bend
	腰	50	yāo	yao	the waist
	彎腰	50	wānyāo	wanyao	bend from the waist
	戒	50	jiè	jiè	to warn, to put a stop to
	戒指	50	jièzhǐ	jièjhǐh	a (finger) ring
	遊	50	yóu	yóu	to travel
	遊戲	50	yóuxì	yóusì	play games

課次	字詞	課文頁碼	漢語拼音	通用拼音	英文解釋
	緊	50	jǐn	jǐn	tight
	緊緊的	50	jǐnjǐnde	jǐnjǐnde̊	hold firmly
	緊張	50	jǐnzhāng	jǐnjhang	critical, nervous
	甜	50	tián	tián	sweet
	蜜	50	mì	mì	sweet, glazed
	甜蜜	50	tiánmì	tiánmì	sweet, loving
9	叔	56	shú	shú	an uncle younger than father
	叔叔	56	shúshu	shúshů	uncle
	至	56	zhì	jhìh	reach, to
	至少	56	zhìshǎo	jhìhshǎo	at least
	引	56	yǐn	yǐn	to introduce
	指引	56	zhǐyǐn	jhǐhyǐn	guidance, to guide
	何	56	hé	hé	how, why
	如何	56	rúhé	rúhé	how
	推	56	tuī	tuei	to push
	推開	56	tuīkāi	tueikai	push away
	病	56	bìng	bìng	disease, sickness
	生病	56	shēngbìng	shengbìng	fall sick
	床	56	chuáng	chuáng	bed
	病床	56	bìngchuáng	bìngchuáng	sickbed
	床鋪	56	chuángpù	chuángpù	bed
	或	56	huò	huò	or
	故	56	gù	gù	old, therefore

課次	字詞	課文頁碼	漢語拼音	通用拼音	英文解釋
	故事	56	gùshì	gùshìh	a story
	姑	57	gū	gu	father's sister
	姑姑	57	gūgu	gugů	an unmarried paternal aunt
	務	57	wù	wu	affairs, must
	服務	57	fúwù	fúwù	service
	服務臺	57	fúwùtái	fúwùtái	service center
	論	57	lùn	lùn	an essay
	不論	57	búlùn	búlùn	regardless
	需	57	xū	syu	need
	需要	57	xūyào	syuyào	a need, necessity
	助	57	zhù	jhù	help
	幫助	57	bāngzhù	bangjhù	help
10	曬	62	shài	shài	expose to the sun
	曬衣服	62	shàiyīfú	shàiyifú	shine the clothes
	襪	62	wà	wà	socks
	襪子	62	wàzi	wàzi̊h	socks
	夾	62	jiá	jiá	pincers, pliers
	架	62	jià	jià	a rack
	衣架	62	yījià	yijià	dress hanger, clothes rack
	曬襪架	62	shàiwàjià	shàiwàjià	shine the socks shelf
	陣	62	zhèn	jhèn	battle formation, a spell
	一陣	62	yízhèn	yíjhèn	a passing phase
	圓	62	yuán	yuán	a circle

課次	字詞	課文頁碼	漢語拼音	通用拼音	英文解釋
	圓形	62	yuánxíng	yuánsíng	circular
	奮	62	fèn	fèn	resolve to
	興奮	62	xīngfèn	singfèn	excited
	詩	63	shī	shih	poem
	一首詩	63	yìshǒushī	yìshǒushih	one poem
	修	63	xīu	siou	to repair
	改	63	gǎi	gǎi	to change, reform
	修改	63	xīugǎi	siougǎi	revise
	俠	63	xiá	siá	a swordsman
	小飛俠	63	xiǎofēixiá	siǎofeisiá	Peter Pan
	盪	64	dàng	dàng	drift
	遊盪	64	yóudàng	yóudàng	to loaf, to indulge in pleasure
	暈	64	yūn	yun	to faint
	暈車	64	yūnchē	yunche	car sick
	酸	64	suān	suan	an acid
	腳酸	64	jiǎosuān	jiǎosuan	leg sore
11	洗	70	xǐ	sǐ	to wash
	洗碗	70	xǐwǎn	sǐwǎn	wash bowl
	祖	70	zǔ	zǔ	an ancestor
	母	70	mǔ	mǔ	mother
	祖母	70	zǔmǔ	zǔmǔ	gradmother
	祖先	70	zǔxiān	zǔsian	ancestors, forefathers
	搖	70	yáo	yáo	to shake

課次	字詞	課文頁碼	漢語拼音	通用拼音	英文解釋
	搖搖手	70	yáoyáoshǒu	yáoyáoshǒu	to make a hand motion
	耗	70	hào	háo	to waste away
	耗費	70	hàofèi	hàofèi	spend
	乳	70	rǔ	rǔ	milk
	乳白色	70	rǔbáisè	rǔbáisè	milky white
	剛	70	gāng	gang	hard, just
	剛剛	70	gānggāng	ganggang	a moment ago, just now
	淘	70	táo	tao	to rinse
	淘米	70	tánomǐ	táomǐ	wash and clean rice before cooking
	留	70	liú	lióu	to stay
	留下來	70	liúxiàlái	lióusiàlái	leave behind
	晶	70	jīng	jing	bright, crystal
	亮晶晶	70	liàngjīngjīng	liàngjingjing	very shiny
	污	70	wū	wu	dirty
	染	70	rǎn	rǎn	to dye
	污染	70	wūrǎn	wurǎn	pollute
	流	71	lǐu	lióu	flow, current
	河流	71	hélǐu	hélióu	river current
	較	71	jiào	jiào	more
	比較	71	bǐjiào	bǐjiào	to compare
12	周	76	zhōu	jhou	cycle, a week
	四周	76	shìzhōu	sìhjhou	on all sides
	圍	76	wéi	wéi	to surround

課次	字詞	課文頁碼	漢語拼音	通用拼音	英文解釋
	包圍	76	bāowéi	baowéi	to encircle
	周圍	76	zhōuwéi	jhouwéi	circumference, surroundings
	擁	76	yǒng	yǒng	to embrace
	擁抱	76	yǒngbào	yǒngbào	embrace each other
	依	76	yī	yi	to rely on
	依靠	76	yīkào	yikào	to depend on, support
	泰	76	tài	tài	great
	泰山	76	tàishān	tàishan	the sacred mountain associated with Confucius
	人猿泰山	76	rényuántàishān	rényuántàishan	Tarzan
	景	76	jǐng	jǐng	a view, sight
	風景	76	fēngjǐng	fongjǐng	scenery
	遍	76	biàn	biàn	time in repetition
	遍地	76	biàndì	biàndì	all over the place, everywhere
	列	76	liè	liè	row
	排列	76	páiliè	páiliè	arrange in order
	整	76	zhěng	jhěng	to put to ordr, neat
	齊	76	qí	cí	to arrange
	整齊	76	zhěngqí	jhěngcí	tidy, orderly
	摘	77	zhāi	jhai	to take down
	層	77	céng	céng	layer
	一層	77	yìcéng	yìcéng	on floor
	薄	77	bó	bó	thicket
	紗	77	shā	sha	sheer cloth of silk

國家圖書館出版品預行編目資料

全新版華語：課本／蘇月英等著. --臺初版.
--臺北縣新店市：流傳文化, 民93-
冊；　公分
ISBN 986-7397-01-0（第5冊：平裝）

1. 中國語言 - 讀本

802.85　　　　93003024

【全新版】華語第五冊

總 主 編：蘇月英
編撰委員：蘇月英、李春霞、胡曉英、詹月現、蘇　蘭
吳建衛、夏婉雲、鄒敦怜、林麗麗、林麗眞
指導委員：信世昌、林雪芳
總 編 輯：張瀞文
責任編輯：李金瑛
插　　畫：罐頭魚、朱美靜、鍾燕貞、蘇傳宗、張河泉
吳嘉鴻、卓昆峰、雷　雷
美術設計：陳美霞
發 行 人：曾高燦
出版發行：流傳文化事業股份有限公司
地　　址：臺北縣(231)新店市復興路43號4樓
電　　話：(02)8667-6565
傳　　眞：(02)2218-5221
郵撥帳號：19423296
http://www.ccbc.com.tw
E-mail:service@ccbc.com.tw
香港分公司◎集成圖書有限公司－香港皇后大道中283號聯威商業中心8字樓C室
TEL：(852)23886172-3・FAX：(852)23886174
美國辦事處◎中華書局－135-29 Roosevelt Ave. Flushing, NY 11354 U.S.A.
TEL：(718)3533580・FAX：(718)3533489
日本總經銷◎光儒堂－東京都千代田區神田神保町一丁目五六番地
TEL：(03)32914344・FAX：(03)32914345

出版日期：西元2004年11月臺初版（50028）
西元2006年3月臺初版五刷
印　　刷：世新大學出版中心

分類號碼：802.85.017
ISBN 986-7397-01-0

定　　價：120元